✝ Commandant WEIL

UN INCIDENT

DU SACRE

DE NAPOLÉON Ier

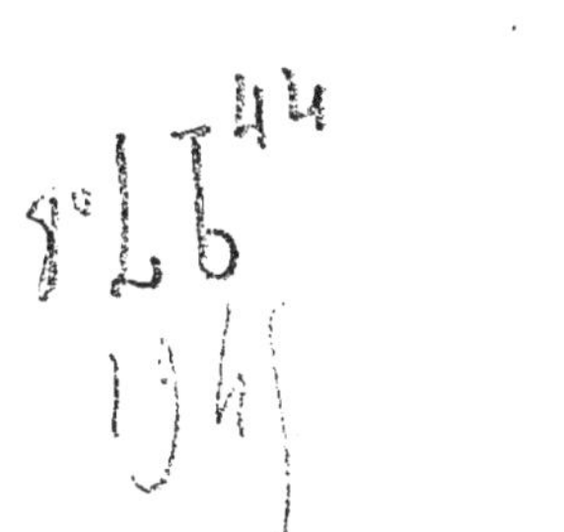

EPERNAY

IMPRIMERIE SPARNACIENNE, 28, RUE DES BERCEAUX

1923

COMMANDANT WEIL

Un Incident
du
Sacre de Napoléon Ier

*d'après une lettre inédite
de Cobenzl à Talleyrand (23 janvier 1805)*

En y réfléchissant quelque peu, on s'expliquera assez aisément comment et pourquoi, au milieu du retentissement et de l'éclat des fêtes du Sacre, on n'attacha qu'une importance secondaire à l'abstention du représentant à Paris du futur beau-père du nouvel Empereur. La gravité croissante des événements, la tension progressive et presqu'immédiate des relations entre les deux gouvernements achevèrent de reléguer tout à fait au deuxième plan une question, à laquelle les règles de l'étiquette avaient servi de base et de prétexte et qui, à tout autre moment, aurait très probablement donné lieu à un échange d'explications et de notes plus ou moins acerbes entre les Cabinets des Tuileries et de Vienne.

Peut-être même aurait-il été difficile de reconstituer sur des données dignes de foi l'historique de cette manifestation, cependant nettement symptomatique, des dispositions de l'Autriche, si Cobenzl n'avait éprouvé le besoin d'atténuer la portée de ce qu'il affectait de considérer comme « une de ces petites différences d'opinions difficiles à lever » dans une lettre particulière, restée inédite jusqu'à ce jour, qu'il adressait à Talleyrand, quelques semaines après le couronnement, le 23 janvier 1805. A vrai dire, il avait saisi avec empressement l'occasion que lui offrait cette « dispute d'étiquette », parce qu'il lui était de cette façon loisible d'entretenir Talleyrand incidemment et presqu'en plaisantant d'un sujet bien autrement grave et brûlant, de réduire « les prétendus armements de l'Autriche du côté de l'Italie, aux simples proportions d'une mesure domestique », de lui représenter que vouloir prendre « notre cordon fébrifuge pour un armement belliqueux, c'est transformer des mauviettes, non pas en faisans, mais en autruches. »

Quelques mois plus tard, la mauviette allait cependant se métamorphoser en une armée de près de 75.000 hommes sous les ordres de l'Archiduc Charles.

Cobenzl à Talleyrand (1).

Vienne, le 23 janvier 1805.

«Je commence par remercier mon ancien camarade de la confiance qu'il veut bien me marquer par sa lettre du 3 janvier (2). Animés, comme nous le sommes tous les deux, du désir de voir régner la meilleure et la plus étroite intelligence entre nos Souverains, de pareilles communications, dictées par une intimité qui date encore du collège, ne peuvent avoir que les effets les plus heureux.

Je sais que mon cousin (3) a été personnellement comblé par vous d'amitiés et de bontés. A présent, on paraît lui en vouloir, parce qu'il a suivi les Instructions générales qui lui ont été données comme à tous les Ambassadeurs par la Chancellerie d'Empire.

Rien de plus fâcheux sans doute que les disputes d'étiquette, et je bénis tous les jours le Ciel de n'en avoir pas eu une seule pendant les vingt-huit ans que j'ai couru les missions. Il est cependant impossible de renoncer au cérémonial comme, en autre chose, à des droits établis et généralement reconnus.

Le comte Philippe avait reçu de la Chancellerie d'Empire la même instruction que sans doute avait ici M. de Champagny et qui est commune à tous les Ambassadeurs du monde, de ne céder le pas

(1). *Archives des Affaires Etrangères*. Autriche. Volume 376. f⁰ 243-247.
(2). Remise à Cobenzl par Dodun, le 21 nivôse, an XIII (11 janvier 1805.)
(3). Le comte Philippe, Ambassadeur à Paris.

qu'aux Princes du sang (1). Y ajouter encore les Grands Dignitaires et jusqu'aux plus petits Princes d'Empire serait aller contre les usages. Il n'est pas question là-dedans de préséance de Cour à Cour.

Celle de l'Empereur des Romains est assurée par les Traités et par la Déclaration à la suite de laquelle l'Empereur des Français a été reconnu par nous. Il s'agit ici du droit des Ambassadeurs en général et par conséquent de ceux de l'Empereur Napoléon lui-même. Le comte Philippe n'y a mis aucune chaleur. Il a prévenu d'avance de la teneur des instructions qu'il avait ; il n'a demandé aucune place ; mais il n'a pu accepter celle qu'on lui destinait, contraire aux droits des Ambassadeurs en général et il y a mis la franchise et l'amitié analogues aux sentiments des deux Empereurs. On sait bien que les Ambassadeurs ne peuvent pas demander de changement à ce qui est établi par la Constitution, comme aussi on ne peut pas demander qu'ils renoncent à leurs prérogatives. De tout temps il y a eu de ces petites différences d'opinions difficiles à lever ; mais comme alors on en évitait l'occasion, il n'en résultait pas la moindre altération dans les rapports des Souverains. C'est ainsi qu'autrefois les Princes du sang et les Ambassadeurs à Paris ne pouvaient pas se voir à cause de quelques difficultés dans le cérémonial des visites respectives, ce qui n'a pas empêché plusieurs d'entre eux d'être ensemble sur le pied le plus intime en se rencontrant en lieu tiers.

Quant à nos prétendus armements du côté de l'Italie, c'est précisément le second tôme de ce qui s'est passé en Souabe l'année dernière. Il fallait bien un cordon pour préserver les Etats héréditaires de la fièvre jaune, de même que la France en a eu besoin vers l'Espagne. Le peu de régiments, que nous avions dans le voisinage des côtes et des frontières, ne suffisait pas pour un cordon qui commence à Cattaro et va jusqu'à Bregenz ; il a donc fallu les remplacer pour le service de l'intérieur par quatre régiments, dont pas un homme n'est entré en Italie et dont les nouvellistes de cafés ont composé une armée formidable. Or, on le demande, est-ce avec un nombre de troupes pareil, que nous faisons mouvoir dans nos Etats et non chez les autres, que nous pourrions penser à faire la guerre à un Souve-

(1) Il sera curieux de faire remarquer à ce propos qu'un incident d'étiquette de même nature se produisit à Rome lors du séjour qu'y fit, en 1841, la duchesse de Cambridge et que le comte de Latour-Maubourg, notre Ambassadeur, et le comte de Lützow, Ambassadeur d'Autriche, protestèrent contre les prétentions de la duchesse, à laquelle Guizot donna du reste raison.

rain aussi puissant que Napoléon ? Donc, nous n'y pensons pas, donc ce n'est qu'une mesure domestique qui ne peut être considérée comme armement que tout au plus contre la fièvre jaune, ennemie commune de tous les Gouvernements.

Votre Excellence connaît mieux que personne les sentiments dont je suis pénétré envers celui avec qui j'ai eu l'honneur de traiter et de conclure la paix de Lunéville, ainsi que ma reconnaissance pour l'amitié et les bontés qu'il m'a témoignées pendant mon séjour à Paris. Il est impossible après cela que je ne prenne pas le plus grand intérêt à tout ce qui le concerne. Au reste, les notions, que nous avions jusqu'ici sur l'établissement d'un nouveau royaume de Lombardie, sont encore trop incomplètes pour que je puisse faire autre chose que m'en rapporter aux éclaircissements que le comte Philippe est chargé de vous demander.

Mais sur quoi je vous prie de ne pas avoir le plus léger doute, c'est que la conservation de la paix fait l'objet des vœux les plus chers de l'Empereur et Roi ; qu'il tient préférablement à tout à ce que les engagements contractés entre l'Autriche et la France soient observés avec la plus parfaite exactitude et qu'il faudrait une agression directe ou que la sûreté de son Empire fût immédiatement compromise pour le détourner de sa ferme résolution d'assurer à ses peuples, pendant tout son règne, la jouissance des bénédictions de la paix.

Comme je désire occuper une place dans votre souvenir, non seulement pendant votre travail, mais encore dans les moments trop courts où, vous livrant à votre amabilité naturelle, vous faites le charme de la société et que dans ces moments-là sont compris ceux de la table, je ne puis laisser partir le présent courrier sans le charger de quelques faisans de Bohême dignes d'y figurer. Vous n'avez pas voulu permettre au comte Philippe de les qualifier de mauviettes quand il vous en a présenté de ma part, mais permettez-moi de vous représenter à mon tour que vouloir prendre pour un armement belliqueux notre cordon fébrifuge, c'est transformer des mauviettes, non pas en faisans, mais en autruches.

La nomination de M. de La Rochefoucauld a été d'autant plus agréable que l'Empereur était peiné des inductions que le public aurait pu tirer d'un changement dans l'ancienne étiquette de nos Cours, d'après laquelle c'étaient toujours des Ambassadeurs qu'on s'envoyait réciproquement. Nous espérons de retrouver dans M. de

La Rochefoucauld un second Champagny. C'est vous dire combien nous en jugeons favorablement d'avance.

Si j'étais vindicatif de mon métier, j'aurais répondu de main propre à Votre Excellence, mais j'aurais manqué mon but. Vous n'auriez certainement pas déchiffré mon écriture aussi facilement que j'ai lu la vôtre (1), tandis que c'est en caractères très distincts et très clairs que je veux toujours vous faire parvenir l'expression bien sincère de mon tendre et inviolable attachement.

COBENZL.

Veuillez bien présenter mes hommages à Madame de Talleyrand. Je me flatte de conserver toujours une petite place dans son souvenir.

Dans le moment où je finis ma lettre, M. de La Rochefoucauld vient de m'annoncer son arrivée et j'espère le voir familièrement demain matin. »

Afin de ne laisser dans l'ombre aucun point, aucun recoin de ce différend, dont la portée réelle est bien plus grande que n'affecte de le dire le Vice-Chancelier, puisque rien n'eût été plus simple que de trouver le moyen de l'éviter, si l'on n'avait voulu, au contraire, profiter de l'occasion pour ... ser, sans danger immédiat, entrevoir les dispositions de la Cour de Vienne, je crois utile de reproduire la dépêche que Dodun (1) avait adressée à Talleyrand le 10 nivôse an XIII (31 décembre 1804).

(1). N'y aurait-il pas là quelque ironie, quelque critique détournée ? Nul n'ignore en effet que l'écriture de Talleyrand était au moins aussi difficile à déchiffrer que celle de Cobenzl.

(2). Dodun (Claude-Marie-Laurent) (1770-1855), Secrétaire de Légation en 1792 près la Diète de Ratisbonne jusqu'à la déclaration de l'Empire contre la France ; Dragon volontaire, puis bientôt après, promu officier et adjoint à l'Etat-Major de l'armée de l'Ouest de 1793 à 1794 , à l'armée des Alpes (1795), Secrétaire de Légation à Berlin d'Octobre 1795 à Juillet 1798 ; reprend à son retour de Prusse du service à l'Etat-Major de la 17ᵉ Division Militaire, se distingua au 18 Brumaire et reçut un sabre d'honneur. Réformé lors de la paix de Lunéville, Premier Secrétaire à Vienne de 1800 à 1809 sauf les quelques semaines d'interruption de 1805 , Chargé d'Affaires à deux reprises, lors du départ du général Andréossy ; Chevalier de l'Empire par lettres patentes du 3 Juillet 1813 ; Marquis de Kéroman par Ordonnance Royale du 18 Octobre 1826.

A propos de Dodun, il sera bon de rappeler qu'il avait été arrêté par ordre du Gouvernement Autrichien et banni sur les confins de la Hongrie lorsqu'on apprit à Bude la perte de la bataille de Raab, qu'il fut peu après échangé près d'Acs contre Metternich et que le 2 Juillet (Correspondance, Tome XIX, No 15480), l'Empereur prescrivait au prince Eugène « de le diriger par Ebersdorf dans l'île, afin qu'il me donne tous les renseignements qu'il aura. »

Monseigneur, (1)

« M. le comte de Cobenzl, que j'ai vu ce matin, m'a fait part de ce qu'il a reçu avant-hier par un courrier que lui a expédié l'Ambassadeur d'Autriche à Paris. Après m'avoir donné connaissance des démarches que M. le comte Philippe avait faites auprès de Votre Excellence afin de savoir jusqu'à quel point les bruits répandus sur la réunion de la République Italienne à l'Empire Français étaient fondés, de la réponse de Sa Majesté Impériale sur cet objet à lui transmise par Votre Excellence, le Vice-Chancelier m'a dit que S. M. l'Empereur d'Allemagne avait éprouvé la plus grande satisfaction en recevant cette nouvelle ; que ces assurances augmenteraient, si elle pouvait l'être, sa conviction du désir de la France de maintenir scrupuleusement les traités conclus avec l'Autriche.

Quoique l'Ambassadeur de l'Empereur des Romains doive vous faire part, Monseigneur, des sentiments de son Maître, M. le comte de Cobenzl a rempli les ordres de Sa Majesté Impériale en me faisant la communication que j'ai l'honneur de vous transmettre.

Enfin, M. le Vice-Chancelier a fait tomber la conversation sur le parti que les Ambassadeurs ont pris pour se dispenser d'assister au souper à la Cour des Tuileries. M. le comte de Cobenzl m'a parlé des explications que M. le comte Philippe avait données à Votre Excellence et m'a allégué des usages anciens suivis au Sacre de nos Rois et notamment à celui de Louis XVI. Il s'est fort étendu sur les prérogatives des Ambassadeurs et a fini. par motiver principalement l'absence de l'Ambassadeur Impérial sur ce qu'il ne devait pas céder le pas aux Princes de l'Empire. Au reste, Son Excellence m'a manifesté que, pour prévenir de semblables discussions, il valait mieux que les Ambassadeurs ne parussent pas dans les occasions qui pourraient les faire naître.

Alors je lui observai que, ces mêmes discussions pouvant nuire à la parfaite intelligence entre les deux Gouvernements, il devait être de leur intérêt de chercher les moyens d'éviter de pareilles difficultés.

J'avais tout lieu d'attendre pour réponse de la part de M. de Cobenzl qu'il me parlât de la proposition de Votre Excellence, mais il revint seulement sur ce qu'il m'avait dit avant d'être interrompu. Je ne me suis point avancé davantage.

(1). Vienne. Volume 376. No 35 Dépêche chiffrée.) Folio 190-191.

Dans cet entretien, M. le comte de Cobenzl n'a pas fait mention
des Grands Dignitaires de l'Empire. N'a-t-il pas voulu s'ouvrir vis-
à-vis de moi relativement aux prétentions qu'on leur a élevées ? Je
le croirais. Dans tous les cas, j'ose espérer avoir rempli vos inten-
tions en ne le prévenant pas. J'attendrai qu'il me fournisse une
occasion d'exécuter les ordres de Votre Excellence..... »

Cobenzl n'avait en aucune façon l'intention d'offrir cette
occasion à notre Chargé d'Affaires. Il ne se souciait nulle-
ment d'aborder le règlement de cette querelle d'étiquette et
il ressort manifestement de la dépêche de Dodun, de la ma-
nière dont le Vice-Chancelier s'était exprimé sur les prérogatives des Ambassadeurs, qu'on avait été heureux à Vienne
de pouvoir invoquer des précédents, d'avoir trouvé un prétexte, grâce auquel la Cour Impériale se croyait en mesure
de mettre aux yeux du monde le bon droit de son côté si,
comme elle l'espérait peut-être, la question en venait à s'en-
venimer à la suite des réclamations qu'elle s'attendait à
voir formuler par le Cabinet des Tuileries.

Commandant WEIL.